Der direkte Beschwerdemanagementprozess

Zum Umgang mit Beschwerden bei der Allianz SE

Max Kremnitz

Bibliografische Information der Deutschen Nationalbibliothek:

Die Deutsche Nationalbibliothek verzeichnet diese Publikation in der Deutschen Nationalbibliografie; detaillierte bibliografische Daten sind im Internet über http://dnb.d-nb.de abrufbar.

ISBN: 9783346265098
Dieses Buch ist auch als E-Book erhältlich.

Hochschule für angewandtes Management-Campus Berlin

Fachbereich: Wirtschaftspsychologie

Sommersemester 2020

Teilmodul: Anwendungsorientiertes Modul 2

Die Analyse eines direkten Beschwerdemanagementprozesses

Eine Studienarbeit mit einem praktischen Bezug zum Umgang mit Beschwerden bei der Allianz SE

von Max Kremnitz

Tag der Einreichung:

31.08.2020

Inhaltsverzeichnis

Tabellenverzeichnis

Abbildungsverzeichnis

Anhangsverzeichnis

1. Einleitung

„Nicht im gut funktionierenden Alltag zeigt sich die Qualität einer Partnerschaft, sondern in der Krise" (Barlow et al., 2003, S. 29).

Diese Erkenntnis trifft auf die Beziehung zwischen einem Unternehmen und seinen Kunden zu. Erst wenn es zu Problemen kommt und das Produkt oder die Dienstleistung nicht mehr den Erwartungen des Kunden entspricht, zeigt es sich ob er auch nach den Bezahlungen der Rechnungen das Unternehmen nach wie vor als einen geschätzten Partner betrachtet. Bewährt sich ein Unternehmen in dieser Hinsicht, festigt es somit das Vertrauensverhältnis seiner Kunden. Insofern bieten Beschwerden häufig ungeahnte und ungenutzte Chancen sich als Unternehmen von der Konkurrenz abzuheben sowie sich in der Öffentlichkeit zu profilieren. (vgl. Barlow et al., 2003, S. 29). Viel zu häufig werden jedoch Beschwerden als lästige Störung des täglichen Arbeitsablaufes angesehen und dadurch auf eine unangemessene Art und Weise abgewickelt (vgl. Wimmer, 1985, S. 234). Auch in der Versicherungswirtschaft steigt das Anspruchsniveau und die Kritikbereitschaft der Kunden. Gerade in Zeiten der gesättigten Märkte und der allgemein sinkenden Kundenloyalität ist es für jedes Unternehmen umso wichtiger ein schlüssiges Beziehungs- und Kundenbindungsmanagement auszuüben (vgl. Heckelmann, 1997, S. 2). Ein wichtiger Bestandteil dessen ist das Beschwerdemanagement, welchem sich die vorliegende Ausarbeitung widmet. Zuallererst wird dabei auf den Beschwerdebegriff eingegangen. Anschließend werden die Beschwerdeführer untersucht, welche zumeist durch die unzufriedenen Kunden repräsentiert werden. Des Weiteren geht diese Arbeit konkret auf die Thematik und Analyse eines direkte Beschwerdemanagementprozesses ein. Es werden dabei die Grundstruktur, die Beschwerdestimulierung, die Beschwerdeannahme sowie die Beschwerdebearbeitung und Beschwerdereaktion genaustens erläutert.

2. Beschwerden

2.1. Beschwerdebegriff und Beschwerdearten

Was sind Beschwerden? Auf den ersten Blick scheint diese Frage recht schnell beant-
wortet zu sein. Stellen Kunden ihren Schreiben den Begriff „Beschwerde" voran oder
beginnen das Gespräch mit dem Satz „Ich möchte mich beschweren über...", handelt es
sich um eine Beschwerde. Jedoch wird der Begriff auch genauso oft von Kunden vermieden oder sie betonen gar, dass sie sich nicht beschweren wollen. Bei diesem Prozess
wird im Optimalfall aber das identisch gleiche Ziel verfolgt. Dieses besagte Ziel bezieht
sich auf die Tatsache, dass sich der geschilderte Vorfall in Zukunft nicht mehr wieder-
holen soll (beidseitig). Oft werden auch von Einrichtungen oder einzelnen Personen
Forderungen an das Unternehmen gestellt, die weder Kunden sind, noch als potentieller
Kunde in Frage kommen (zum Beispiel den Medien). Dadurch müssen sich die Unternehmen die Frage stellen, welche herangetragenen Äußerungen letztlich als Beschwerde
einzustufen sind und welche nicht (vgl. Stauss, 1989, S. 43). Daher erscheint es sinnvoll
den Beschwerdebegriff zunächst ausführlicher zu betrachten. Eine umfassende Definition liefern in diesem Fall Wimmer und Stauss. Sie bezeichnen eine Beschwerde als eine
Artikulation von Unzufriedenheit die gegenüber einem Unternehmen oder auch Drittin-
stitutionen mit dem Zweck geäußert wird, auf ein subjektiv als schädigend empfundenes
Verhalten eines Anbieters aufmerksam zu machen. Des Weiteren geht es darum eine
Wiedergutmachung für die erlittene Beeinträchtigung zu erreichen und beziehungsweise
oder eine Änderung des kritisierten Verhaltens zu bewirken (vgl. Wimmer, 1985, S. 223
& vgl. Stauss, 1989, S. 44).

Diese Definition liefert ein recht breites Begriffsverständnis aus welchem sich im Folgenden eine Differenzierung verschiedener Beschwerdearten ablesen lässt. Zum einen
lässt sich sagen, dass Beschwerden Artikulationen sind, ergo es handelt sich um verbale
oder schriftliche Äußerungen. Aus diesen Äußerungen geht zudem hervor, dass der Beschwerdeführer unzufrieden mit der aktuellen Gegebenheit ist (vgl. Stauss, 1989, S. 14).
Sämtliche Äußerungen, die also zu erkennen geben das Leistungen oder Verhaltenswei-
sen des Unternehmens nicht oder nur teilweise den Erwartungen der Kunden entsprechen, stellen in diesem Sinne Beschwerden dar (vgl. Wimmer, 1985, S. 225). Des Weiteren lässt sich aus der Definition ableiten das Beschwerden nicht nur von Kunden, sondern genauso von Individuen als Mitglieder anderer unternehmerischer Anspruchsgrup-
pen vorgebracht werden können (vgl. Stauss, 2002, S. 47). Dies geschieht

beispielsweise indem die Medien oder auch die eigenen Kunden sich über die Unterstützung eines Projektes, welche angenommen eine Belastung für die Umwelt durch ökologisch bedenkliche Produktionsprozesse darstellt, beklagen (Stauss & Seidel, 2002, S. 47f.)

Trotz alle dem kann ein unzufriedener Kunde auch einen indirekten Weg wählen, indem er sich einer Drittinstitution als Verfechterin seiner Interessen bedient (vgl. Stauss & Seidel, 2002, S. 50). Dieser Prozess könnte beispielsweise über eine Verbraucherorganisation vonstattengehen. Bei Versicherungen handelt es sich dabei um den sogenannten Versicherungsombudsmann (vgl. Beenken & Sandkühler, 2007, S. 183). In solchen Fällen tritt die angesprochene Institution im Namen des Kunden an das Unternehmen heran und versucht eine Lösung des Problems zu erreichen. Als letzten Punkt zeigt die Definition von Wimmer und Stauss, dass sich die Unzufriedenheit der Betroffenen keineswegs immer auf einen Mangel an einem zuvor gekauften Produkt oder auf einen anderen Aspekt des Marktauftrittes der Unternehmung (beispielsweise die Preis- oder die Kommunikationspolitik) beziehen muss. Vielmehr kann der Gegenstand der Beschwerde das gesellschaftspolitische Verhalten des Unternehmens ansprechen (vgl. Stauss & Seidel, 2007, S. 50).

Grundsätzlich lässt sich sagen, dass eine Beschwerde aufgrund einer gewissen Intention vorgebracht wird. Der Beschwerdeführer verfolgt mit seiner Artikulation immer eine zugrundeliegende Absicht (vgl. Barlow & Moller, 2003, S. 2). In vielen Fällen wenden sich Kunden in der Nachkaufphase mit einer Beschwerde an das Unternehmen, da sie der Meinung sind, nicht die erwartete Leistung erhalten zu haben. Beispielsweise hat die in Anspruch genommene Versicherung nicht den erhofften Erfolg gebracht oder ein Versicherungsnehmer ist sich nach einem Geschäftsabschluss nicht mehr über den Nutzen seiner Versicherung im Klaren. Dementsprechend will der Kunde entweder eine verbesserte oder sogar eine völlig neue Leistung. Er fordert in diesen Fall die teilweise oder vollständige Rückzahlung des Kaufpreises oder verlangt darüber hinaus Schadensersatz für Folgeschäden (vgl. Stauss & Seidel, 2002, S. 48). Versteht der Kunde seine Forderungen aber als einen Anspruch an das Unternehmen, welchen er unter Umständen auch auf dem Rechtswege durchsetzen könnte, spricht man von einer Reklamation. Bedauerlicherweise wird in der Praxis häufig nicht zwischen den Begrifflichkeiten Reklamation und Beschwerde unterschieden. Diese Differenzierung vorzunehmen ist allerdings durchaus sinnvoll um den Sonderfall von rechtsrelevanten Beschwerden abzugrenzen (vgl. Hansen, 1990, S. 449).

2.2. Wahres und Falsches über Beschwerden

Es gibt in der unternehmerischen Praxis weit verbreitete Annahmen über Beschwerden, welche allerdings keineswegs immer auf einer gesicherten Informationsbasis beruhen. Oftmals handelt es sich dabei um Vorurteile. Diese scheinen auf den ersten Blick ihre Berechtigung zu haben und auch aufgrund ihrer Plausibilität die unternehmerische Haltung im Umgang mit Beschwerden nachhaltig beeinflussen. Jedoch gibt es in den meisten Fällen fachliche Gegenargumente, welche diesen Annahmen gegenüberstehen. Möchte ein Unternehmen also ein aktives Beschwerdemanagement aufbauen, muss zwischen wahren- und falschen Aspekten über Beschwerden unterschieden sowie Vorurteile im Unternehmen abgebaut werden (vgl. Stauss & Seidel, 2007, S. 52).

Die folgenden zwei Beispiele sollen diese These anhand bestehender Vorurteile sowie deren widersprechenden Kommentaren belegen.

Annahme 1:

Eine geringe Zahl von Beschwerden lässt auf zufriedene Kunden schließen.

Gegenargument:

Geringe Beschwerdezahlen sind kein aussagefähiger Indikator für Kundenzufriedenheit, weil nur ein Bruchteil der unzufriedenen Kunden sich beschwert.

Tabelle 1: Geringe Beschwerdezahlen (These)

(vgl. Barlow & Moller, 2003, S. 84)

Eine vergleichsweise geringe Zahl von eingehenden Beschwerden ist für viele Unternehmen also ein Zeichen, dass Beschwerdemanagement für sie kein dringliches Anliegen darstellt. Sie schließen aus geringen Beschwerdezahlen auf eine hohe Kundenzufriedenheit. Dieser Schluss ist allerdings nicht immer richtig, weil ein Großteil unzufriedener Kunden sich schlichtweg nicht beschwert (vgl. Stauss & Seidel, 2002, S. 50). Die Tatsache, ob sich ein Kunde beschwert oder nicht, hängt von einer Fülle von Faktoren ab die zum Teil maßgeblich vom Unternehmen beeinflusst werden. Eine niedrige Zahl von Beschwerden kann unter anderen die Folge hoher Beschwerdebarrieren (zum Beispiel ein schwieriger Weg bis die Beschwerde überhaupt vorgetragen werden kann) oder resignierten Kundenverhaltens (negative Erfahrungen) sein. Des Weiteren werden viele kritische Äußerungen von Kunden gar nicht als Beschwerde wahrgenommen oder erfasst, da sie beispielsweise nur mündlich vorgetragen werden (vgl. Stauss & Seidel, 2002, S. 50f.).

Annahme 2: Kunden, welche sich beschweren, sind die Gegner des Unternehmens.
Gegenargument: Kunden, die sich beschweren, sind Partner.

Tabelle 2: Partner versus Gegner (These)

(vgl. Barlow & Moller, 2003, S. 84)

Kunden, die sich bei einem Unternehmen beschweren, werden sehr häufig sofort negativ kategorisiert. Sie werden als Gegner des Unternehmens wahrgenommen und dementsprechend wird unmittelbar eine Verteidigungsposition eingenommen. Die grundsätzliche unternehmerische Haltung wird auf Abwehr, wenn nicht sogar teilweise auf Gegenangriff ausgerichtet (vgl. Stauss & Seidel, 2007, S. 53). Doch diese Einstellung ist oftmals ein Fehler. Problematisch ist hierbei insbesondere, dass der Beschwerdeführer nicht als aktueller (und bestenfalls auch zukünftiger) Kunde wahrgenommen wird, welcher zudem ein Recht darauf hat seine Ansichten und Forderungen zu äußern. Gerade die Tatsache, dass der Kunde sich gegenüber dem Unternehmen äußert, zeigt in Wirklichkeit sein Interesse am Unternehmen und gibt bewusst diesem eine Möglichkeit zur Nachbesserung. Sich beschwerende Kunden sind demnach keine Gegner, sondern vielmehr Partner des Unternehmens, die dabei helfen eine kontinuierliche Verbesserung von Prozessen und Produkten beziehungsweise Dienstleistungen zu erzielen (vgl. Stauss & Seidel, 2002, S. 52).

3. Grundlagen des Beschwerdemanagements

3.1. Begrifflichkeit

Beschwerdemanagement beinhaltet einen komplexen unternehmerischen Handlungsbereich. Es ist die Gesamtheit aller systematischen Maßnahmen sowie deren Planung, Durchführung und Kontrolle die ein Unternehmen bei artikulierter Unzufriedenheit des Kunden ergreift, um die Zufriedenheit des Beschwerdeführers wieder herzustellen und gefährdete Kundenbeziehungen zu stabilisieren (vgl. Wimmer, 1985, S. 252). Dazu gehört ebenso die innerbetriebliche Weiterleitung der in Beschwerden enthaltenen Informationen zur Initiierung von Problemlösungs- und Veränderungsprozessen (vgl. Stauss & Seidel, 2002, S. 80). Beschwerdemanagement ist ein zudem zentraler Bestandteil des Costumer-Relationship-Managements und nimmt in dessen Gefüge eine wichtige Rolle im Kundenservice beziehungsweise Kundenbindungsmanagement ein (vgl. Stauss & Seidel, 2007, S. 23). Das Beschwerdemanagement muss folglich klar abgegrenzt werden von der unsystematischen, punktuellen und reaktiven Verhaltensweise vieler Unternehmen im Umgang mit Beschwerden. Kurzfristig betrachtet liegt der Fokus auf der Bearbeitung der aktuell vorliegenden Beschwerde. Langfristig betrachtet geht es darum, Chancen für Folgegeschäfte zu generieren sowie die unternehmerischen Prozesse dauerhaft zu verbessern (vgl. Heckelmann, 1997, S. 65). Dabei ist das Beschwerdemanagement nur vordergründig eine Angelegenheit für Mitarbeiter mit Kundenkontakt. Professionell betrieben ist es jedoch wesentlich weiter gefasst. Es muss dabei im Führungssystem und im Zielsystem des Unternehmens verankert sein. Nur wenn sich alle Mitarbeiter in allen Hierarchieebenen des Unternehmens mit dem Ziel der Kundenzufriedenheit identifizieren, kann im Tagesgeschäft die Umsetzung gelingen (vgl. Homburg & Rudolph, 1995, S. 49f.). Beschwerden als Chancen aufzufassen ist dabei eine verhältnismäßig neue Sichtweise. Lange wurden Beschwerden von Unternehmen eher ignoriert oder vertuscht, weil hohe Beschwerderaten als negativer Imagefaktor und als Prestigeverletzung gewertet wurden. Darüber hinaus wurden die Kosten der Beschwerdebearbeitung gescheut und der schwer quantifizierbare Nutzen, der sich durch Kundenzufriedenheit ergibt, vernachlässigt (vgl. Heckelmann, 1997, S. 64)

4.2. Ziele des Beschwerdemanagements

Beschwerden sind Störungen im Vertrauensverhältnis zwischen dem Unternehmen/Versicherungsunternehmen und dem Kunden. Da sie ein Ausdruck von Unzufriedenheit sind, können zwei generelle Ziele des Beschwerdemanagements festgehalten werden: Das erste Ziel besteht darin, die Kundenzufriedenheit wiederherzustellen beziehungsweise die negativen Auswirkungen der Unzufriedenheit zu minimieren. Die Behebung des Problems steht hierbei im Vordergrund. Das zweite generelle Ziel liegt in der inhaltlichen Aufbereitung der Beschwerden, um Informationen zu gewinnen, mit denen künftig Unzufriedenheit vermieden werden kann (vgl. Heckelmann, 1997, S. 69f.). Die Auswertung dieser Informationen gibt Aufschluss über Leistungsdefizite des Unternehmens sowie betriebliche Schwächen, was daraus resultierend hilft, Marktchancen zu identifizieren. Den damit einhergehenden Wettbewerbsvorteil sieht Stauss ebenso als Globalziel wie die Erhöhung des Gewinns (vgl. Stauss & Seidel, 2007, S. 79f.).

Darüber hinaus unterteilen die Autoren Stauss und Seidel die Ziele des Beschwerdemanagements in umsatz- und kostenrelevante Teilziele.

Als umsatzrelevante Teilziele gelten:

o Stabilisierung gefährdeter Kundenbeziehungen durch Herstellung von (Beschwerde) Zufriedenheit
o Erhöhung von Kaufintensität und Kauffrequenz sowie Förderung des Cross-Buying-Verhaltens
o Umsetzung und Verdeutlichung einer kundenorientierten Unternehmensstrategie
o Schaffung zusätzlicher werblicher Effekte mittels Beeinflussung der Mundkommunikation
o Verbesserung der Qualität von Produkten und Dienstleistungen durch Nutzung der in Beschwerden enthaltenen Informationen

Als Kostenrelevante Teilziele gelten:

o Vermeidung von Abwanderungskosten
o Vermeidung von Auseinandersetzungskosten
o Vermeidung weiterer externer Fehlerkosten
o Vermeidung interner Fehlerkosten

(vgl. Stauss & Seidel, 2007, S. 79ff.)

Zum Ziel der Beschwerdezufriedenheit lässt sich sagen, dass ein Versicherungsnehmer, welcher sich zu einer Beschwerde gegenüber dem Versicherungsunternehmen entschließt, in diesem Gesamtprozess eine gewisse Erwartung über das Beschwerdeergebnis verbindet. Danach findet ein Vergleich zwischen den Beschwerdeerwartungen des Versicherungsnehmers und dem tatsächlich erreichten Beschwerdeergebnis statt. Dieses

Ergebnis dieses Vergleichs entscheidet über Beschwerdezufriedenheit oder Unzufriedenheit (vgl. Bruhn, 1985, S. 562 & vgl. Heckelmann, 1997, S. 70). Ein zufriedenstellendes Beschwerdeergebnis verhindert in diesem Fall die Negativwerbung und wandelt sie stattdessen in positive Kommunikation um. Im optimalen Fall ist der Kunde so beeindruckt von dem Eifer des Unternehmens, dass er ihm besonders treu bleibt beziehungsweise wird (vgl. Zinnagl, 1994, S. 30).

4.3. Wesentliche Aufgaben des Beschwerdemanagements

Die genannten Ziele des Beschwerdemanagements lassen sich nur erreichen, wenn eine Reihe wesentlicher Aufgaben erfüllt wird. Hierzu gehören zuallererst das Einrichten von leicht zugänglichen Beschwerdekanälen für unzufriedenen Kunden. Zudem muss dafür gesorgt sein, dass der Beschwerdeführer unmittelbar einen verantwortlichen Ansprechpartner erreichen kann. Gerade in Versicherungsunternehmen ist es wichtig für die Kunden greifbar zu sein, da es das Produkt in diesem Fall nämlich nicht ist (vgl. Eickenberg, 2009, S. 65f.). Die Beschwerden sind dabei auf den effizientesten Weg anzunehmen, die relevanten Beschwerdeinformationen zu erfassen und in der Folge systematisch auszuwerten. Des Weiteren bedarf es eines eindeutigen Prozesses für die weitere Bearbeitung der eingegangenen Beschwerden sowie nicht zuletzt einer Entscheidung über die Fall-Lösung (vgl. Stauss & Seidel, 2002, S. 82). Auch gilt es zu prüfen inwieweit das Beschwerdemanagement die geforderten Ziele erreicht. Die Ergebnisse aus der Beschwerdeauswertung und dem Controlling des Beschwerdemanagements sind intern entsprechend weiterzuleiten, damit die gewonnen Informationen systematisch für die Verbesserung von Prozessen und Leistungen genutzt werden können. Folglich kristallisieren sich acht wesentliche Aufgaben des Beschwerdemanagements heraus, welche in ihrer Gesamtheit den Beschwerdemanagementprozess darstellen:

Beschwerdesti- mulierung	Beschwerdean- nahme	Beschwerdebear- beitung	Beschwerdereak- tion
Beschwerdeaus- wertung	Beschwerdema- nagement- Controlling	Beschwerderepor- ting	Beschwerdein- formationsnut- zung.

Tabelle 3: Die 8 Aufgaben des Beschwerdemanagements

(vgl. Heckelmann, 1997, S. 140)

4. Der direkte Beschwerdemanagementprozess anhand der Allianz SE

4.1. Kurzbeschreibung des Unternehmens

Die Allianz SE ist ein deutscher Versicherungskonzern mit Sitz in München. Das Unternehmen wurde im Jahr 1890 gegründet und ist, wegen ihrem hohen Umsatz, eines der weltgrößten Versicherungsunternehmen (Platz eins in Deutschland). Weiterhin belegt sie in den Forbes Global 2000 der weltgrößten Unternehmen den Platz 22 sowie kam das Unternehmen Mitte 2018 erstmalig auf einen Börsenwert von circa 100 Milliarden USD. Die Allianz SE gehört außerdem zu den größten Parteispendern in Deutschland und hat seit 2000 mehr als 3,2 Millionen Euro an die Bundestagsparteien, mit Ausnahme der Partei Die Linke und der AfD, gespendet. Die angebotenen Versicherungen der Allianz decken die Bereiche Auto und Mobilität, Recht, Wohnen und Eigentum, Gesundheit und Pflege, Gesundheit für Tiere, Reisen und Freizeit sowie Vorsorge und Vermögen ab. Für den Kunden gewährt die Allianz eine schnelle Erreichbarkeit durch die Dichte und Vielzahl der Agenturen, welche überall in Deutschland (sowie Ausland) verteilt sind. Laut Kundenberichten ist das Unternehmen auch ein sehr guter Gläubiger im Schadensfall. Ein Beispiel, welches von der Allianz oft zur Argumentation dafür genutzt wird, wäre auch der Angriff auf das World Trade Center am 11.09.2001, da das Unternehmen direkt danach 1,2 Milliarden Euro an die Geschädigten zahlte. Auch die jahrelangen Erfahrungen sowie die hohe Anzahl an Versicherungsnehmern sind, laut Aussagen der Allianz SE ein Beleg für eine allumfassende Kundenzufriedenheit. Ob dies auch für das direkte Beschwerdemanagement zutrifft, wird sich in den folgenden Textabschnitten widerspiegeln.

4.2. Erfassung von Beschwerdedaten

Der direkte Beschwerdeprozess spielt eine wichtige Rolle für das unternehmerische Kundenbindungsmanagement. Da die Märkte vom zunehmenden Wettbewerb geprägt sind, ist es wichtig, die Bindung zu bereits gewonnenen Kunden (mit entsprechendem Potential) zu verstärken, da die Neukundengewinnung ungleich aufwändiger und somit teurer ist. Die Phasen des direkten Beschwerdeprozesses stellen sich wie folgt dar:

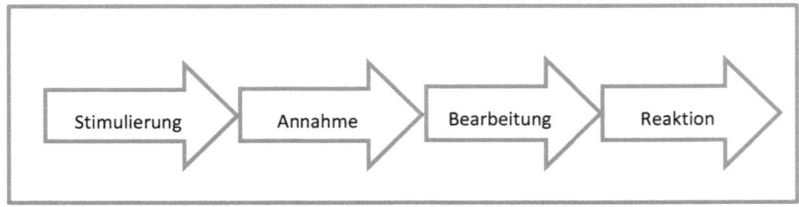

Abbildung 1: Der direkte Beschwerdemanagementprozess

(In Anlehnung an Strauss & Seidel, 2002, S. 82)

In Kundenbeschwerden stecken zudem viele Informationen, die das Unternehmen nutzen kann, um etwaige Qualitätsprobleme auszumerzen. Die Kundenbeschwerde basiert auf der Erfahrung des Kunden mit der jeweiligen Dienstleistung beziehungsweise dem Finanzprodukt. Das Unternehmen bekommt auf diese Art und Weise eine kostengünstige, marktnahe und aktuelle Information über die Wertigkeit der eigenen Finanzprodukte sowie der Dienstleistungsqualität. Will das Unternehmen also Kundenzufriedenheit herstellen um Kundenbindung zu erreichen, müssen die Produkte konsequenter Weise auch dem Kundennutzen entsprechen (vgl. Kukat, 2005, S. 16 ff.). Es ist daher wichtig, dass alle relevanten Informationen, welche in der Beschwerde enthalten sind, im Hinblick auf eine effiziente Bearbeitung erfasst werden (vgl. Schmidt, 2005, S. 17). Die Erfassung kann sowohl durch den Mitarbeiter als auch durch den Kunden selbst erfolgen. Mitarbeiter nutzen zur Erfassung entweder standardisierte Formblätter oder Eingabemasken von einer Beschwerdemanagementsoftware. Mit Hilfe der standardisierten Formblätter sollen die Mitarbeiter in die Lage versetzt werden eine eingehende Beschwerde vollständig und strukturiert zu erfassen. Ein solches Formular sollte beispielsweise Beschwerdeinhaltsinformationen (Personendaten des Beschwerdeführers, das Produkt beziehungsweise die Dienstleistung über die sich beschwert wird, etc.) und Beschwerdeabwicklungsinformationen (Art und Zeitpunkt der Beschwerde, interne Bearbeitungsschritte, etc.) beinhalten. Formblätter eignen sich vor allem bei Beschwerden im direkten Kundenkontakt, bei mündlichen oder telefonischen Beschwerden. Für die systematische Erfassung und Bearbeitung werden allerdings zumeist softwaregestützte Beschwerdemanagementsysteme eingesetzt. Durch diese Systeme können die Daten schnell, strukturiert und vollständig erfasst werden. Mit Hilfe eines solchen Programms können keine Daten vergessen werden, da das System dem Eingebenden alle wichtigen Erfassungsfelder vorgibt. Beschwerden, die mittels eines Formblattes erfasst worden sind, können im Nachhinein in das System eingepflegt werden, um eine Nachbearbeitung zu gewährleisten (vgl. Stauss & Seidel, 2007, S. 174 ff.). Ein weiterer Vorteil der systemgestützten Beschwerdeerfassung ist, dass viele Arbeitsschritte erleichtert werden. Zum einen wird der Zugriff auf bestehende Datenbanken besser. Die Daten müssen nämlich nicht jedes Mal neu eingegeben, sondern können von Stammdaten übernommen werden. Zum anderen bietet die systemgestützte Beschwerdeerfassung eine sofortige Auswertung. Die Dateneingabe fließt in diesem Prozess sofort in die Auswertung ein und es kann somit jederzeit der aktuelle Stand abfragt werden. Des Weiteren bietet diese Art der Erfassung einen Überblick über die Vorgeschichte und Unterstützung bei der Argumentation. Diesbezüglich kann eine anspruchsvolle Beschwerdesoftware zu den Beschwerdeanlässen gleich Informationshintergründe und Argumentationshilfen für den Mitarbeiter bereithalten (vgl. Schmidt-Schweer, 2006, S. 116).

Kunden können für ihre Beschwerde auch Meinungskarten ausfüllen oder entsprechende Angebote im Internet nutzen. Die Gestaltung von Meinungskarten kann von einem einzigen Textfeld zur freien Artikulation der Beschwerdegeschichte bis hin zu einem strukturierten Seitenaufbau mit vordefinierten Feldern reichen. Es sollten nur Informationen vom Kunden abgefragt werden, die der Kunde auch problemlos angeben kann. So sollte vom Kunden beispielsweise nicht zwingend nach der eigenen Kontonummer oder Depotnummer gefragt werden, weil er diese meistens nicht auswendig kennt. Bei der Beschwerde mithilfe des Internets, können dem Kunden Kategorien zur Verfügung gestellt werden, die immer wieder Bestandteil einer Beschwerde sind. Hier könnten zum Bei-spiel Kategorien wie "Kundenfreundlichkeit", "Erreichbarkeit" oder "Produktmängel" angeboten werden. Dadurch wird dem Kunden die Angabe erleichtert und gleichzeitig eine strukturierte Erfassung der Daten ermöglicht (vgl. Stauss & Seidel, 2007, S. 174 ff.).

Bezogen auf das Praxisbeispiel in Bezug auf die Allianz läuft der Erfassungsprozess von Beschwerden im Onlinebereich ähnlich beziehungsweise allumfassend ab. Zum einen bietet die Allianz auf ihrer Homepage ein klassisches Beschwerdeformular an. Dieses beinhaltet Fragen nach der Art als auch dem Zeitpunkt der Beschwerde, nach personenbezogenen Daten und nach versicherungsbezogenen Informationen sowie gibt es Auskunft über die interne Bearbeitungsschritte, welche nach Einreichung des Formulars geschehen. Dabei wird dem Versicherungsnehmer sogar die Auswahlmöglichkeit geboten, ob er einen Rückruf möchte oder ob alle weiteren Schritte auf den postalischen beziehungsweise E-Mail-Weg passieren sollen. Zum anderen gibt es auch noch die Möglichkeit das Servicetelefon in Anspruch zu nehmen. Bei diesem Erfassungsprozess wird der Kunde direkt mit einem für das Thema zuständigen Experten verbunden. Dieser Service kann 24 Stunden genutzt werden und beinhaltet ebenfalls Fragen nach der Art als auch dem Zeitpunkt der Beschwerde, nach personenbezogenen Daten und nach versicherungsbezogenen Informationen. Auch der weitere Beschwerdeverlauf wird von dem verbundenen Servicemitarbeiter erläutert. Eine weitere Möglichkeit welche die Allianz bietet ist die Nutzung des Beschwerdeforums „Allianz hilft". Dieses Forum erfasst jede Frage als auch jedes Anliegen (unabhängig ob konkret oder unkonkret) und verweist den Versicherungsnehmer entweder an die nächste dafür zuständige Stelle oder löst das Problem direkt im Anschluss.

Prinzipiell muss man auch erwähnen das in den Grundsätzen des Beschwerdemanagements auch darauf hingewiesen wird, dass unförmliche E-Mails, Briefe oder umgeleitete Anrufe ebenfalls gern gesehen sind und dementsprechend erfasst werden. Zudem bietet die Homepage im Generellen die Möglichkeit das eigene Anliegen schon für das Unternehmen zu konkretisieren. Es bietet den Kunden nämlich gleich am Anfang die Varianten Vertrag monieren, Schaden beanstanden, Webseitenfehler melden, Datenschutz kontaktieren, Kilometerstandsmeldung bemängeln und Sonstiges reklamieren an, welche es dem Kunden sowie dem Unternehmen ermöglichen den passenden Ansprechpartner ohne Umwege beziehungsweise Weiterleitungen zu erreichen/bereitzustellen. Weiterhin wird in den Grundsätzen des Beschwerdemanagements eine weitere Unterteilung der Beschwerdeanliegen anhand der acht Versicherungsbereiche angeboten. In diesem Fall wird zu jedem Versicherungsbereich auf eine 24 Stunden verfügbare Servicetelefonnummer verwiesen. Zu alle dem wird am Ende einer jeder Beschwerdemeldung nach der Meinung der Beschwerdeerfassung gefragt, was ein nützliches Evaluationstool für das Unternehmen darstellt.

Zusammenfassend lässt sich also feststellen, dass die Allianz Beschwerden auf allen Ebenen erfasst. Zudem kann man in der starken Annahme davon ausgehen das die Allianz auch eine Beschwerdemanagementsoftware anwendet, da alle angebotenen Erfassungsebenen (Telefon, E-Mail, Post, Forum, Beschwerdeformular) miteinander in Verbindung stehen.

4.3. Beschwerdestimulierung

Eine geringe Anzahl von Beschwerden ist, wie bereits beschrieben, keineswegs ein Indikator für Kundenzufriedenheit. Sie kann vielmehr auch die Folge von Kundenresignation oder dem Resultat unternehmerischer Abwehrmaßnahmen von Beschwerden sein.

Um die Kunden zufrieden zu stellen, muss ein Versicherungsunternehmen versuchen so viele Beschwerden wie möglich zu erhalten (vgl. Jeschke, 2005, S. 22). Daher liegt eine Hauptaufgabe der Beschwerdestimulierung darin, unzufriedene Kunden dazu zu bewegen, die von ihnen wahrgenommenen Probleme gegenüber dem Unternehmen vorzubringen (vgl. Clemens, 1994, S. 98). Damit wird verhindert, dass andere Marktteilnehmer und insbesondere potenzielle Versicherungskunden negativ beeinflusst werden. Dabei sind vor allem drei Teilaufgabenbereiche zu lösen:

a) Analyse von Beschwerdebarrieren:

Voraussetzung für die gezielte und erfolgreiche Stimulierung von Beschwerden ist die Kenntnis über diejenigen Faktoren, die Kunden davon abhalten können, sich bei Unzufriedenheit an das Unternehmen zu wenden (vgl. Stauss & Seidel, 2007, S. 68 ff.). Infolge dessen ergeben sich vier Determinanten, welche das Beschwerdeverhalten unzufriedener Kunden beeinflussen. Zum einen gibt es die Beschwerdekosten. Die Kunden nehmen eine interne Kosten-Nutzen-Abschätzung vor, von deren Ergebnis es abhängig ist, ob sie sich beschweren oder nicht. Je nach Art des Beschwerdeweges entsteht für den Kunden ein unterschiedlicher Kosten- und Zeitaufwand, welcher oftmals mit Frustration und Stress verbunden ist. Die Höhe dieser Kosten (sowohl materieller als auch emotionaler Art) bestimmt grundsätzlich das Unternehmen und zwar durch die Art der Beschwerdemöglichkeit des Kunden und durch den Umgang mit der Beschwerde, was die Art der Annahme und die Bearbeitung angeht (vgl. Stark, 2003, S. 31 & vgl. Stauss & Seidel, 2007, S. 68ff.). In Bezug auf das Fallbeispiel trifft ein hoher Kosten- oder Zeitaufwand nicht zu, da die Homepage für die Abgabe einer Beschwerde sehr einfach zu finden ist (optimale Suchmaschinenoptimierung, erfordert nur das Anklicken von zwei Reitern auf der Homepage) und eine Beschwerde, die an sich keine Kosten in Anspruch nimmt. Eine weitere Determinante ist der Beschwerdenutzen. Die gerade beschriebenen Kosten setzt der Kunde ins Verhältnis zum Nutzen, also zum subjektiv wahrgenommenen Wert der Problemlösung, welche der Kunde erwartet. Hierbei spielt in erster Linie die Erfolgswahrscheinlichkeit eine entscheidende Rolle. Kunden beschweren sich nämlich nicht, wenn die Aussicht auf Erfolg gering oder nicht vorhanden ist (vgl. Stark, 2003, S. 31 & vgl. Stauss & Seidel, 2007, S. 68ff.). Diese Determinante ist abhängig von der spezifischen Beschwerdeart des Versicherungsnehmers. In Anbetracht, da es sich jedoch um Versicherungsdienstleistungen handelt, welche in einem monatlichen, quartalsbezogenen oder jährlichen Geldbetrag zu zahlen sind, ist aus finanzieller Sicht (bei beispielsweise einem Beitragsproblem) von einer hohen Nutzenerwartung zumeist auszugehen. Die vorletzte Determinante für die Analyse von Beschwerdebarrieren sind die sogenannten Problemmerkmale. Ob der Kunde sich beschwert ist also von der subjektiven Größe des Problems abhängig. Die höchste Beschwerdewahrscheinlichkeit besteht bei objektiv nachweisbaren Problemen, wie zum Beispiel bei zu hohen Versicherungsbeiträgen oder zu langsamen Rückerstattungen bei Schadensfällen (vgl. Stark, 2003, S. 31 & vgl. Stauss & Seidel, 2007, S. 68ff.). Bezogen auf diese Determinante verhindert die Allianz auf ihrer Homepage, anhand der acht Kategorien aus den Beschwerdemanagementgrundsätzen oder sechs Kategorien am Anfang der Website, das Auftreten von Barrieren bezogen auf die Problemmerkmale. Dies ist begründet, da es zu jedem objektiven als auch subjektiven Merkmal eine entsprechende Kachel mit Informationen für eine Beschwerde gibt. Die letzte Determinante fokussiert sich auf die personen- beziehungsweise situationsspezifischen Merkmale, weil auch die Charaktereigenschaften des vermeintlichen Beschwerdeführers eine entscheide Rolle spielen. So sind neben soziodemografischen und psychografischen Merkmalen bestimmte Verhaltensmerkmale (zum Beispiel ein ausgeprägtes Kommunikationsverhalten) wichtig. Entscheidend ist, dass der Beschwerdeführer über ein ausgeprägtes Selbstvertrauen verfügt und der Ansicht ist, eine Beschwerdesituation erfolgreich bewältigen zu können. Weiterhin ist entscheidend, in welcher Situation sich der Beschwerdeführer gerade befindet (vgl. Stark, 2003, S. 31 & vgl. Stauss & Seidel, 2007, S. 68ff.). Auch diese Barriere umgeht die Allianz weitestgehend auf dem E-Mail- und postalischen Weg. Die Allianz schickt regelmäßig E-Mails oder Briefe an die Versicherungsnehmer, wobei sie nach der Zufriedenheit des Kunden fragen. Durch diese direkte Ansprache eines möglichen eventuellen Problems fällt es den Betroffenen oftmals leichter ein Feedback (auch in Form einer Beschwerde) zu verfassen.

b) Formulierung des Zugangskonzeptes:

Viele Kunden verzichten auf die Beschwerde im Falle von Unzufriedenheit, weil sie nicht wissen, wer im Unternehmen eigentlich für ihr Anliegen zuständig ist. Deswegen ist es wichtig entsprechende Beschwerdewege mit klaren Adressaten einzurichten. Hierbei kann es sich um gebührengünstige Beschwerde- beziehungsweise Servicetelefone, um die Auslage von Meinungs- und Beschwerdekarten oder das Einrichten einer Beschwerdeseite im Internet, handeln (vgl. Stark, 2003, S. 31). Die Zugänglichkeit beziehungsweise Zuständigkeit für eine Beschwerde ist, wie bereits erwähnt, bei der Allianz leicht nachvollziehbar. Angenommen man kommt mit dem Problem auf die Allianz zu, dass man nach einem Autounfall schon seit mehreren Monaten auf das in Anspruch genommene Geld wartet. In diesem Fall erkennt man auf Anhieb den Reiter „Schaden beanstanden" und wird nach nur einem Klick an den entsprechend zuständigen Experten weitergeleitet.

c) Kommunikation von Kundenorientierung in Problemsituationen:

Gleichzeitig mit der Formulierung des Zugangskonzeptes für Beschwerden müssen die eingerichteten Beschwerdewege sowohl gegenüber den Mitarbeitern als auch gegenüber den Kunden kommuniziert werden. Den mit Beschwerdeführern in Kontakt kommenden Mitarbeitern muss einerseits bekannt sein, dass Kunden sich zukünftig vermehrt beschweren werden und sie müssen insbesondere wissen, dass dieser Umstand nicht negativ interpretiert werden darf. Andererseits muss den Kunden zum Beispiel durch eine Anzeige in einschlägigen Zeitschriften oder durch Aushänge in einer Geschäftsstelle mitgeteilt werden, dass das Unternehmen neue Kanäle zur Beschwerdeführung eingerichtet hat (vgl. Stark, 2003, S. 32). Die Versicherungsgesellschaft muss also unmissverständlich Interessen für alle Gründe, die Unzufriedenheit hervorrufen, signalisieren. Gerade über viele nicht sonderlich gravierende Leistungsmängel, die dennoch Unzufriedenheit zur Folge haben, werden kaum Beschwerden geführt. Sollte dies so sein, weiß das Versicherungsunternehmen nichts von den Problemen und hat auch keine Möglichkeit diese zu beseitigen. Daher gilt es Barrieren, die einen ungehinderten Beschwerdefluss von verärgerten Kunden zum Versicherungsunternehmen erschweren, abzubauen (vgl. Heckelmann, 1997, S. 141). Damit also eine möglichst hohe Zahl der unzufriedenen Kunden die Reaktionsform der Beschwerde wählt, müssen verschiedene Beschwerdekanäle bereitgestellt werden (mündlich, telefonisch, schriftlich, elektronisch) und zudem muss über verschiedene Medien eine aktive Kommunikation des Beschwerdewegs an die Kunden erfolgen. Beschwerdestimulierung umfasst folglich alle Handlungen und Maßnahmen, die den Kunden zur Äußerung einer Beschwerde gegenüber dem Versicherungsunternehmen bewegen (vgl. Stark, 2003, S. 31). Auch die kundenorientierte Kommunikation funktioniert bei der Allianz sehr gut. Begründen lässt sich dies beispielsweise mit den folgenden ersten Sätzen, welche aus den Grundsätzen des Beschwerdemanagements stammen. „Wir wollen Ihnen stets erstklassige Leistungen bieten und auf Ihre Anliegen eingehen. Sollten Sie dennoch mit unseren Produkten oder unserem Service unzufrieden sein, dann lassen Sie es uns bitte wissen. Wir nehmen Ihre Beschwerden ernst!" Dieses Zitat ist deshalb von Relevanz, da es dem Kunden signalisiert, dass er keine Angst haben muss eine Beschwerde abzugeben. Zudem bekommt der Versicherungsnehmer noch ein Gefühl vermittelt, indem er dem Unternehmen mit der Beschwerde in Form eines Feedbacks sogar hilft, da er dem Unternehmen somit die Möglichkeit bietet, eine erstklassige Leistung nachhaltig sicherzustellen (Feedback führt zu Verbesserungen).

4.4. Beschwerdeannahme

Die Phase der Beschwerdeannahme betrifft vor allem die Organisation des Beschwerdeeingangs und die Erfassung der Beschwerdeinformationen. Es müssen dabei alle wichtigen Informationen über die Kundenunzufriedenheit erfasst werden, damit die Beschwerde schnell und unkompliziert bearbeitet werden kann (vgl. Kleinschmidt, 2005, S. 79). Bei persönlichem Erstkontakt (mündlich oder telefonisch) ergibt sich für das Versicherungsunternehmen die Chance bereits durch die Reaktion der Mitarbeiter Unzufriedenheit zu reduzieren und eine Problemlösung einzuleiten (vgl. Heckelmann, 1997, S. 147f.). Der Kunde erfährt zudem gleich im Erstkontakt wichtige Aspekte der unternehmerischen Reaktion auf sein Anliegen (vgl. Stauss & Seidel, 2007, S. 83). Der erste Kontakt ist folglich ein Schlüsselerlebnis und gerade bei persönlichem Vorbringen der Beschwerde ist der angesprochene Mitarbeiter besonders gefordert. Ein Versicherungsunternehmen sollte daher klare Verhaltensrichtlinien erstellen. Außerdem müssen die Mitarbeiter durch Schulungen und Trainings auf diesen wichtigen Erstkontakt vorbereitet werden, sodass sie fähig sind, beruhigend auf die Kunden einzuwirken sowie eine sachliche Klärung zu gewährleisten. Es muss zudem dafür gesorgt werden, dass der Versicherungsnehmer sich ernst genommen fühlt sowie muss ihm signalisiert werden, dass sein Anliegen ernsthaft zur Kenntnis genommen wird und das sich das Versicherungsunternehmen um eine Problemlösung bemüht (vgl. Heckelmann, 199, S. 148). Zu dieser Überzeugung beitragen kann das Konzept der „Complaint Ownership". Derjenige Mit-arbeiter, welcher als Erster mit der Unzufriedenheit eines Kunden konfrontiert wird, ist ab diesem Zeitpunkt dafür verantwortlich, dass das Problem als Beschwerde erkannt, erfasst und bearbeitet wird. Er erwirbt quasi das Eigentum an der Beschwerde und wird zum Complaint Owner (vgl. Kleinschmidt, 2005, S. 80).

Wenn die Problemursache in den unmittelbaren fachlichen Einfluss- und Kompetenzbereich des Complaint Owners fällt, ist er für eine schnelle vollständige Lösung verantwortlich. Ist die Beschwerde nicht sofort lösbar und erfordert weitere Bearbeitungsschritte, muss der Beschwerdeeigentümer die Beschwerde entsprechend weitergeben und eine nachfolgende Bearbeitung sicherstellen. Wesentlich im Konzept der Complaint Ownership ist, dass sich ausnahmslos jeder Mitarbeiter für die Annahme von Beschwerden zuständig fühlt und diese gegebenenfalls weiterleitet. Es ist zudem zu gewährleisten, dass der Versicherungsnehmer wegen desselben Problems nicht mehrmals an das Unternehmen herantreten muss (vgl. Heckelmann, 1997, S. 149). Darüber hinaus ist es neben einem kundenorientierten und situationsgerechten Verhalten der Mitarbeiter bei der Beschwerdeannahme wichtig, dass das vom Kunden vorgebrachte Problem beziehungsweise die relevanten Informationen vollständig, schnell und strukturiert aufgenommen und erfasst werden (vgl. Stauss & Seidel, 2002, S. 130). Das Konzept des Complaint Owners trifft auch auf die Allianz zu. Angenommen es kommt zu einem Problem wegen einer noch ausstehenden Zahlung (Autounfall). In diesem Fall würde sich der Versicherungsnehmer (über die Kachel „Schaden beanstanden") über das Servicetelefon bei Frau X beschweren. Frau X ist ab diesem Zeitpunkt für genau diesen Versicherungsnehmer zuständig und hat folgende zwei Aufgaben. Die erste Aufgabe bezieht sich auf die Kundenorientierung gegenüber dem Unfallopfer, welchem noch eine offene Zahlung aussteht. Frau X erklärt dabei dem Kunden woran es möglicherweise gelegen hat, dass die Zahlung noch nicht eingeleitet wurde, äußert Gefühle wie beispielsweise „Ich bedauere sehr, dass…" und erklärt dem Versicherungsnehmer wie es weiter geht. Zudem erklärt Frau X aber auch dem Kunden das sie sich und wann sie sich bei ihm melden wird. Die zweite Aufgabe von Frau X ist es dann das Problem zu lösen und mit den entsprechenden Abteilungen abzuklären. Entscheidend hierbei ist das die Problemlösung eigentlich von der Finanzabteilung zu veranlassen ist. Jedoch ist nur Frau X der Complaint Owner des Versicherungsnehmers mit dem Autounfall, weshalb auch nur sie sich bei dem Kunden rückmeldet und quasi behauptet, dass sie das Problem gelöst hat (indirekte Problemlösung). Resultierend aus diesen Prozessen kann man behaupten, dass die Allianz über eine sehr durchdachte und strukturierte Beschwerdeannahme verfügt.

4.5. Beschwerdebearbeitung und Beschwerdereaktion

Unter Beschwerdebearbeitung werden alle internen Bearbeitungsschritte verstanden, welche zur Behandlung einer Beschwerde notwendig sind. Im Zentrum dieses Prozesses steht die Frage „Wer macht was bis wann in welcher Reihenfolge?". Um diese Frage zu beantworten müssen Bearbeitungsprozesse in ihrem Ablauf definiert, Verantwortlichkeiten während der Bearbeitung festgelegt, Bearbeitungstermine fixiert und Mechanismen zur Überwachung der Bearbeitung installiert werden (vgl. Stauss & Seidel, 2002, S. 165). Darüber hinaus muss die interne Kommunikation der bearbeitenden Stellen sichergestellt sein sowie ist die Beschwerdebearbeitung in einer entsprechenden Historie mit sämtlichen Arbeitsschritten, ihren Inhalten, ausführenden Stellen und Terminen chronologisch zu dokumentieren (vgl. Jeschke, 2005, S. 26). Die Qualität der Beschwerdebearbeitung ist für die Beschwerdezufriedenheit von entscheidender Bedeutung. In der Literatur geht man davon aus, dass rund die Hälfte aller Unternehmungen über keine klaren Kompetenzzuweisungen sowie Ablaufregeln verfügen (vgl. Günter, 1995, S. 101f.). Hier liegen große Chancen für Unternehmen sich von der Konkurrenz abzugrenzen und einen Wettbewerbsvorteil zu erzielen. Dieses professionelles Beschwerdemanagement impliziert das während der Beschwerdebearbeitung alle weiteren Aktivitäten von der Versicherungsgesellschaft ausgehen. Fragt der Versicherungsnehmer dennoch von sich aus nach dem Stand der Bearbeitung, ist zu beurteilen ob er tatsächlich nur eine Rückfrage stellt oder ob eine Folgebeschwerde vorliegt. Häufig erkundigen sich Kunden vordergründig nach dem Bearbeitungsstand, wollen hauptsächlich aber ihre Unzufriedenheit darüber äußern, dass die Bearbeitung zu langsam von Statten geht oder beispielsweise ein Rückruf nicht erfolgte (vgl. Heckelmann, 1997, S. 156).

Ein wichtiges Teilfeld in der Beschwerdebearbeitung besteht in der Beschwerdereaktion. Hierbei handelt es sich um alle Maßnahmen, welche der Versicherungsnehmer während der Beschwerdeabwicklung wahrnimmt und welche sich daraus resultierend direkt auf die Beschwerdezufriedenheit auswirken. Hierzu zählen auch der Umgang mit dem Beschwerdeführer und die gesamte Kommunikation während der Beschwerdebearbeitung (vgl. Kleinschmidt, 2005 S. 87). Eine zentrale Aufgabe der Beschwerdereaktion liegt in der Entscheidung darüber, welche Lösung dem Beschwerdeführer angeboten werden soll. Es können grundsätzlich zwischen finanziellen, materiellen oder immateriellen Wiedergutmachungsangeboten unterschieden werden. Materielle Reaktionen wie Umtausch oder Reparatur sind beim unsichtbaren Gut (Versicherungsschutz) nicht möglich sowie ist finanzielle Kompensation vom Versicherungsunternehmen nur zu leisten, wenn durch die Beschwerde ein Fehler des Unternehmens aufgedeckt wurde und der Kunde vertraglichen Anspruch auf Zahlung hat (vgl. Heckelmann, 1997, S. 157). Als immaterielle Reaktionen gelten alle kundenorientierten Kommunikationsformen, welche auf emotionaler Ebene dafür sorgen das die Kundenunzufriedenheit abnimmt. Eine Information, Erklärung oder Entschuldigung sorgt für die Aufklärung von Missverständnissen und hilft bei der Vorbeugung künftiger Probleme (vgl. Stauss & Seidel, 2007, S. 170). Dabei ist eine Differenzierung nach Typ von Beschwerde und Beschwerdeführer sicherzustellen sowie unter Berücksichtigung des Kundenwerts anzuwenden (vgl. Stauss & Seidel, 2002, S. 86). Eine erfolgreiche Beschwerdereaktion besteht dabei nicht zwingend darin, dem Kunden Recht zu geben. Vielmehr geht es darum, dass der Kunde das Gefühl hat, mit seinem Anliegen ernst genommen zu werden und dass eine schnelle Reaktion von Seiten des Versicherungsunternehmers erfolgt. Auch ein „negatives" Beschwerdeergebnis kann den Kunden zufriedenstellen, wenn es ihm verständlich erklärt wurde und es für ihn logisch nachvollziehbar ist (vgl. Ullmann & Peill, 1995, S. 1516). Folglich hat auch die Genauigkeit und die Qualität der Beschwerdeantwort Einfluss auf die Beschwerdezufriedenheit. Beschwerdeführer erwarten nämlich eine individuelle Antwort auf ihre Beschwerde. Insbesondere in den Fällen in denen die Leistung des Versicherungsunternehmens nicht korrigiert werden können und daher lediglich eine Erklärung abgegeben wird. In diesem konkreten Fall sind Antwortschreiben mit hoher Individualität und Genauigkeit besonders wichtig (vgl. Heckelmann, 1997, S. 158). Des Weiteren erscheint es sinnvoll dem Kunden persönlich oder telefonisch die Gründe nachvollziehbar zu erläutern und nochmals den guten Willen und die Kooperationsbereitschaft des Unternehmens zu verdeutlichen. Drewes & Klee stellen hierbei zwei Grundregeln für die Beschwerdeantwort auf. Zuerst muss dem Kunden glaubhaft vermittelt werden, dass die Beschwerde ernst genommen wird. Anschließend muss die Antwort persönlich und ehrlich gestaltet werden. Es lässt sich also zusammenfassend sagen, dass eine effiziente Gestaltung des Beschwerdebearbeitungsprozesses eindeutige Verantwortungsbereiche, Bearbeitungstermine, Kommunikationsregeln sowie Leitlinien und Verhaltensregeln voraussetzt (vgl. Drewes & Klee, 1994, S. 45). In Bezug auf das Fallbeispiel interagiert die Allianz sehr schnell. Bei kleinen unspezifischen Beschwerden wird das Problem zumeist direkt am Telefon (ohne lange Wartezeiten) gelöst. Dies gilt genauso für größere Anliegen. Um es am Beispiel der noch ausstehenden Bezahlung wegen des Autounfalls zu verdeutlichen, hat Frau X sich zuerst einen Überblick über den Fall während des Telefonats verschafft. Danach hat sie festgestellt, dass das Problem nicht sofort lösbar ist, weshalb sie dem Versicherungsnehmer mitteilte, dass sie sich in spätestens 48 Stunden rückmeldet. Nachdem das Problem über die verschiedenen Abteilungen hinweg gelöst wird, meldet Frau X das Ergebnis an den Kunden weiter. Bei einer positiven Rückmeldung gegenüber den Kunden wäre die Beschwerde nun beseitigt und das Problem behoben. Wenn es sich bei dem Ergebnis jedoch um eine negative Nachricht gegenüber dem Versicherungsnehmer handelt, folgt eine Ursachenbegründung durch Frau X. Sie erklärt dabei dem Kunden, dass es beispielsweise vertraglich begründet ist und geht parallel auf die Gefühle des Gegenüber ein. Beispielsweise bedauert sie entstandene Missverständnis oder schlägt sinnvolle Alternativen vor. Sie vermittelt also dem Kunden glaubhaft, dass die Beschwerde ernst genommen wird beziehungsweise wurde und gestaltet dabei die Antwort persönlich und ehrlich. Hierbei spielen natürlich auch Prozesse wie die Beschwerdeauswertung, das Beschwerdemanagementcontrolling und die Beschwerdeinformationsnutzug eine entscheidende Rolle (vgl. Heckelmann, 1997, S. 140ff.). Die Beschwerdeauswertung ist bei diesem ganzen Prozess jedes Mal fallspezifisch zu betrachten. Das bedeutet das es sich, bezogen auf das Beispiel, bei einem anderen Versicherungsnehmer um eine ganz andere Situation beziehungsweise Gegebenheit handeln kann und somit auch die Rückmeldung sich komplett unterscheidet. Zu der Beschwerdeinformationsnutzung sowie dem Beschwerdemanagementcontrolling sind für Kunden keine Informationen hinsichtlich der Allianz bekannt. Man kann jedoch davon ausgehen, dass das Controlling und der aus den Beschwerden resultierende Nutzen sehr gut optimiert sind. Diese Annahme lässt sich aufgrund dessen begründen, da der gesamte Beschwerdemanagementprozess bei der Allianz aus literarischer Sicht optimal gestaltet ist. Die Aussage der allumfassenden Kundenzufriedenheit, laut Allianz, lässt sich also soweit bestätigen, dass zumindest der Beschwerdemanagementprozess optimal auf den Kunden zugeschnitten ist und dementsprechend zur Kundenzufriedenheit beiträgt.

Anmerkung: Die Quellen für das Hintergrundwissen der Allianz stammen vorrangig aus den Quellen, welche im Anhang erwähnt werden. Die Informationen in Bezug auf das konkrete Beispiel wegen des Autounfalls entspringt aus einem persönlichen Gespräch mit einem Allianz Mitarbeiter sowie aus meinem Berufsalltag als ein Angestellter eines Outsourcing Partners der Allianz SE.

7. Zusammenfassung

„Ihre unzufriedensten Kunden sind Ihre beste Lernquelle." - Bill Gates

Resultierend aus den gewonnenen Erkenntnissen unter Einbezug der Fallstudie (Allianz) lässt sich feststellen, dass das Beschwerdemanagement für ein Unternehmen nichts Unbedeutendes ist. Es bietet zahlreiche Chancen für Wachstum und ist unabdingbar für das organisationale Lernen eines Unternehmens (siehe Zitat). Vor allem in Anbetracht der übersättigen Märkte spielt das Beschwerdemanagement im Hinblick auf die Kundenorientierung eine essentielle Rolle. Denn wenn ein Unternehmen nicht auf die Beschwerden des Kunden eingeht, geht dieser Kunde verloren und kommuniziert im schlimmsten Fall diese Erfahrungen nach außen hin weiter. Auch das Beispiel von der Allianz mit dem nahezu perfekten Beschwerdemanagement zeigt die Wichtigkeit dieser Managementkategorie, da gerade ein so erfolgreiches, DAX notiertes Versicherungsunternehmen wie dieses das Beschwerdemanagement nicht ohne einen bestimmten Grund einsetzt. Weiterhin ist zu erwähnen, dass es für ein Unternehmen wichtig ist (vor allem in der Versicherungsbranche) in erster Linie, seine unzufriedenen Kunden dazu zu bewegen, sich zu beschweren und ihr Anliegen zu äußern. Anderenfalls hat das Unternehmen keine Chance, Kenntnis über die Gründe der Kundenunzufriedenheit zu erlangen und hat folglich auch nicht die Möglichkeit etwas zu verbessern (vgl. Günter, 1995). Auch ließ sich aus der Literatur, bezogen auf die Allianz, eine besondere Problematik im Konzept des Beschwerdemanagement für Versicherungsunternehmen feststellen. Dies liegt daran, dass eine Beschwerdezufriedenheit wesentlich schwieriger zu erzielen ist als bei materiellen Gütern, bei denen Umtausch, Reparatur oder eine „Geld-zurück-Garantie" angeboten werden kann. Alles in allem lässt sich also festhalten, dass das Beschwerdemanagement in jedem Unternehmen relevant ist, egal ob es sich dabei um Produkte oder Dienstleistungen handelt sowie sollte diese Studienarbeit zum Nachdenken anregen beziehungsweise einen Impuls geben die Thematik Beschwerdemanagement nicht außen vor zu lassen, sondern in den klassischen Berufsalltag zu implementieren.

8. Anhang

Anhang 1: Die Grundsätze des Beschwerdemanagements (Allianz)

https://www.allianz.de/content/dam/onemarketing/azde/azd/pdfs/service/beschwerde/grundsaetze-beschwerdemanagement.pdf

Anhang 2: Die Beschwerdewebsite der Allianz

https://www.allianz.de/service/beschwerde/

Anhang 3: Das Beschwerdechatforum der Allianz

https://forum.allianz.de/

Anhang 4: Die Ansprechpartner der Allianz

https://www.allianz.de/service/kontakt/

Anhang 5: Die Website der Allianz

https://www.allianz.de/

9. Literaturverzeichnis

Barlo, J. & Moeller, C. (2003). Eine Beschwerde ist ein Geschenk - Der Kunde als Consultant. Moderne Industrie Verlag: Wien.

Barlow, J. & Moller, C. (2003). Eine Beschwerde ist ein Geschenk: Der Kunde als Consultant. 1. Auflage. Moderne Industrie Verlag: Frankfurt/Wien.

Beenken, M. & Sandkühler, H. (2007). Das neue Versicherungsvermittlergesetz - Die Umsetzung der EU Versicherungsvermittler-Richtlinie. Haufe Verlag: München.

Berry, L. & Parasuraman, A. (1991). Marketing Services- Competing Through Quality. 1. Auflage. Journal of Retailing: New York.

Bruhn, M. (1985). Das Managementwissen unserer Zeit. 2. Auflage. Betriebswirtschaftlicher Verlag: Landsberg am Lech.

Clemens, B. (Kunde, 1994). Der Kunde wird jetzt wieder König. Nr. 44. werben und verkaufen w & v: München.

Dahm, W. (1996). Die Volksverdummung per Kassette. Springer Verlag: Wiesbaden.

Eickenberg, V. (2009). Marketing für Versicherungsvermittler. 2. Auflage. VVW Verlag: Karlsruhe.

Graf, K. (1990): Die Behandlung von Verbraucherbeschwerden in Unternehmen. Springer Verlag: Berlin/Heidelberg.

Günter, B. (1995). Handbuch Qualitätsmanagement für Sparkassen. Gabler Springer Verlag: Stuttgart.

Haeske, U. (2001). Beschwerden und Reklamationen managen- Kritische Kunden sind gute Kunden!. Beltz Verlag: Weinheim/Basel.

Hansen, U. (1990). Absatz- und Beschaffungsmarketing des Einzelhandels - Eine Aktionsanalyse. 2. Auflage. Vandenhoeck & Ruprecht Verlag: Göttingen.

Hansen, U. ; Niestrath, U. & Thieme, U. (1983). Beschwerdeaufkommen und Beschwerdepolitik am Beispiel des Möbeleinzelhandels. Nr. 6. Zeitschrift für Betriebswirtschaft (ZfB): Wiesbaden.

Heckelmann, S. (1997). Beschwerdemanagement in Versicherungsunternehmen. VVW Verlag: Karlsruhe.

Heckelmann, S. (1997). Beschwerdemanagement in Versicherungsunternehmen. VVW Verlag: Karlsruhe.

Hefner, E. (2009). Negative Mund-zu-Mund-Propaganda - Der Imageschaden ist programmiert. Homepage: [http://eva-hefner.suite101.de/negativemund-zu-mund-propaganda-a52499].

Homburg, C. & Rudolph, B. (1995). Wie zufrieden sind Ihre Kunden tatsächlich? Kundenzufriedenheit richtig messen und managen. Nr. 17. Harvard Business Manager: Hamburg.

Homburg, C. & Rudolph, B. (1998). Kundenzufriedenheit: Konzepte – Methoden – Erfahrungen. 3. Auflage. Springer Gabler Verlag: Wiesbaden.

Jeschke, K. (2005). Beschwerdemanagement in der Praxis - Kundenkritik als Chance nutzen. Symposion Publishing: Düsseldorf.

Kaack, J. (2006). Erstkäufer wollen gelobt werden. Homepage: [https://www.mittelstandswiki.de/wissen/Kundenbeziehungen_aufbauen]. Abruf am 01.08.2020.

Kleinschmidt, N. (2005). Beschwerdemanagement in der Praxis - Kundenkritik als Chance nutzen. Symposion Publishing: Düsseldorf.

Kotler, P. & Bliemel, F. (2001). Marketing- Management. 10. Auflage. Schäffer-Poeschel Verlag: Stuttgart.

Kukat, F. (2005). Beschwerdemanagement in der Praxis. Symposion Publishing: Düsseldorf.

Meyer, A. & Dornach, F. (1996). Das Deutsche Kundenbarometer – Qualität und Zufriedenheit. Springer Verlag: München.

Müller, W. & Riesenbeck, H. (1991). Wie aus zufriedenen Kunden auch anhängliche Kunden werden. Nr. 3. Harvard Business Manager: Hamburg.

Schmidt, S. (2005). Beschwerdemanagement in Finanzdienstleistungsunternehmen. Igel Verlag: München.

Schmidt-Schweer, B. (2006). Beschwerden managen. Bachelor Master Publishing: Stuttgart.

Stark, M. (2003). Beschwerdemanagement – Einstellungsveränderung im Unternehmen. Igel Verlag: Stuttgart.

Stauss, B. & Seidel, W. (2002). Beschwerdemanagement – Kundenbeziehungen erfolgreich nutzen durch Customer Care. 3. Auflage. Hanser Fachbuch Verlag: München/Wien.

Stauss, B. & Seidel, W. (2007). Beschwerdemanagement – Unzufriedene Kunden als profitable Zielgruppe. 4. Auflage. Carl Hanser Verlag: München.

Stauss, B. (1989). Beschwerdemanagement - Dialog mit dem unzufriedenen Bürger. Carl Hanser Verlag: Stuttgart.

Strauss, B. (2009). Beschwerdemanagement als Instrument der Kundenbindung. Gabler Verlag: Wiesbaden.

Töpfer, A. & Mann, A. (1999). Kundenzufriedenheit messen und steigern. 2. Auflage. Hermann Luchterhand Verlag: Neuwied.

Ullmann, T. & Peill, E. (1995). Beschwerdemanagement als Mittel zur Kundenbindung. Nr. 21. VVW Verlag: Karlsruhe.

Wimmer, F. (1985). Verbraucherabteilungen in privaten und öffentlichen Unternehmen. Campus Verlag: Frankfurt/New York.

Zinnagl, E. (1994). Kundenanregungen und Beschwerden - Chance oder Gefahr im Finanzdienstleistungswettbewerb. Sparkassenverlag: Wien.